AUFWACHEN!

Friedrich Orter

AUFWACHEN!

Europa und die neue Weltunordnung

Eine Streitschrift

ecoWIN

Zitat auf S. 45 f. aus: Konstantin Wecker: »Der Liebe zuliebe«. In: *Dann denkt mit dem Herzen* © 2016 Gütersloher Verlagshaus, Gütersloh, in der Verlagsgruppe Random House GmbH

Gesetzt aus der Palatino, Aachen, Trixie

Medieninhaber, Verleger und Herausgeber:
Red Bull Media House GmbH
Oberst-Lepperdinger-Straße 11–15
5071 Wals bei Salzburg, Österreich

Satz: MEDIA DESIGN: RIZNER.AT
Printed in the Czech Republic
ISBN 978-3-7110-0108-5

1 2 3 4 5 6 7 8 / 19 18 17 16

Zum Gedenken an Pawel Scheremet,
einen mutigen Kollegen und Gefährten,
ermordet in Kiew am 20. Juli 2016

In the nightmare of the dark
All the dogs of Europe bark,
And the living nations wait,
Each sequestered in its hate;

Intellectual disgrace
Stares from every human face,
And the seas of pity lie
Locked and frozen in each eye.

W.H. Auden, *In memory of W.B. Yeats*

INHALT

VORWORT

Zeig mir nicht die Palme,
zeig mir die Daten und Fakten.
Afghanisches Sprichwort

Ich schreibe diese Zeilen während eines
Kabul-Aufenthalts, im surreal schönen,
betörend duftenden Blumengarten des einer Festung gleichen *Serena* Hotels. Mein
Kameramann Akram und ich, unterwegs
in Afghanistan für eine ORF-Reportage,
sind zwei der zehn Gäste in dieser vermeintlichen »Luxushütte«, laut Eigen-
werbung »*one of the best hotels in Afghanis-*
tan, ideally located in central Kabul with a
wide range of facilities«.

Täglich werden wir beim Betreten des Hotels am verbarrikadierten, gepanzerten Eingangstor vom Sicherheitspersonal gefilzt: Schuhe ausziehen, Leibesvisitation, Tascheninhalt auf ein Tischchen legen.

Ist ja irgendwie verständlich.

Nach einem meiner vorangegangenen Besuche hatten Taliban-Terroristen das Hotel überfallen und vier Menschen in einem Fitnessraum getötet, unter ihnen ein norwegischer Kollege.

In der Nacht haben wir Schüsse gehört, am Morgen danach berichten unsere lokalen Mitarbeiter von Entführungen, Hinrichtungen, Taliban-Terror in den meisten der 34 afghanischen Provinzen.

Die blutige Chronik der Überfälle und Anschläge in Kabul seit Jänner 2016:

24.08.2016
15 Tote bei einem Taliban-Angriff auf die US-Universität in Kabul.

01.08.2016
Anschlag auf das vor allem von Ausländern bewohnte *Northgate Hotel*. Ein

mit Sprengstoff beladener Lastwagen detoniert vor der Hotelanlage, drei Taliban-Kämpfer und ein Polizist werden getötet.

23.07.2016
80 schiitische Hazara kommen bei einem Anschlag des IS ums Leben. Mehr als 200 Personen werden verletzt.

30.06.2016
27 tote Polizisten und Ausbilder bei einem Taliban-Anschlag auf einen Polizeibus.

19.04.2016
28 Tote, 329 Verletzte nach einem Taliban-Angriff auf die Geheimdienstzentrale.

Was das alles mit uns zu tun hat? Sehr viel. Der Dschihadisten-Terror ist inzwischen auch europäischer Alltag. Das Friedens- und Freiheitsprojekt Europa ist zur Frontex-Festung verkommen, mit »hässlichen Bildern« (Österreichs Außenminister Sebastian Kurz in einem Interview mit der

Welt), mit dichtgemachten Grenzen, Hotspots, Stacheldraht und Flüchtlingscamps: die brutalen Folgen verfehlter Politik unserer überforderten politischen und militärischen Eliten in Ost und West. Blinde mit klarem Blick, Taube mit offenen Ohren.

Die von ihnen verfolgten Macht- und Wirtschaftsinteressen in den von ihnen verursachten Kriegszonen von Afghanistan über Irak und Syrien bis in die Balkanregion, das Scheitern des Arabischen Frühlings und die hoffnungslose Lage in Nord- und Zentralafrika werden uns noch jahrzehntelang beschäftigen. Ein permanenter Kriegszustand – »ewiger Krieg für ewigen Frieden« (Gore Vidal).

El sueño de la razón produce monstruos nannte der spanische Ausnahmekünstler Francisco de Goya eines seiner berühmtesten grafischen Werke. Der Schlaf der Vernunft gebiert Ungeheuer.

Aufwachen !

Kabul-Sarajewo-Wien
Spätsommer 2016

DIE NEUE
WELTUNORDNUNG

Jedes Ding hat drei Seiten:
Eine, die du siehst.
Eine, die ich sehe,
und eine, die wir beide nicht sehen.
Chinesische Weisheit

»*Casca il mondo*« – die Welt stürzt ein. Mit diesen Worten kommentierte Giacomo Antonelli, der Kardinalstaatssekretär des päpstlichen Kirchenstaates die Niederlage der österreichischen Truppen 1866 in der Schlacht bei Königgrätz gegen die Preußen im Kampf um die Vorherrschaft in Mitteleuropa. Die Welt war nicht eingestürzt, aber eine andere geworden.

»*Apocalypse now …*« mag sich so manch besorgter Zeitgenosse denken angesichts der aktuellen Terroranschläge, der Horrormeldungen über IS-Gräuel, der zunehmenden Judenfeindlichkeit, der Islamophobie und des Hasses auf Flüchtlinge in den sozialen Netzwerken. Und nicht nur dort.

Auch wenn man den Terror nur aus den Medien kennt, ihn so miterlebt und weiß, dass im Straßenverkehr jährlich weltweit mehr Menschen getötet werden als durch Terroranschläge – die Attentate von Paris, Brüssel, Nizza und all jene, die noch verübt werden, hinterlassen Spuren in der Wahrnehmung des Alltags, verändern die »Willkommenskultur«.

Die Neujahrsnacht in Köln und anderen Städten, sexuelle Übergriffe jugendlicher Migranten in Bädern und auf Bahnhöfen verbreiten Angst und Schrecken, schüren Ablehnung und Wut auf muslimische Einwanderer. Das lässt sich nicht mehr wegleugnen – und hat gravierende politische Folgen. Die Politik muss gegensteuern, mit höheren Investitionen in die Sicherheit, in verstärkte Präsenz der Sicherheitsorgane im öffentlichen Raum. Das wird teuer und schränkt persönliche Freiheiten weiter ein. Nur keine falschen Illusionen: Besiegt wird mit diesen zusätzlichen Sicherheitsmaßnahmen der individualisierte IS-Terror nicht. Es gibt keine Garantien für absolute Sicherheit.

Die im Namen des »Islamischen Staates« verübten (oder von ihm reklamierten) Verbrechen haben Europa ins Herz getroffen. Hilflose Solidaritätsfloskeln für die Angehörigen der Attentatsopfer sind ein schwacher Trost, aber keine fündige Erklärung dieses pseudoreligiös motivierten Irrsinns, der die Grundfeste unserer Werte- und Staatengemeinschaft erschüttert. Um ihn effizient zu bekämpfen, brauchen wir konkrete Taten und entschlossenes Handeln, nicht hohle Phrasen. Die ernüchternde Erfahrung zeigt, dass die europäischen Sicherheitsapparate auf einen langen Kampf gegen den islamistischen Terrorismus nicht vorbereitet waren. Informationen über und Warnungen vor geplanten Attentaten wurden von den Behörden nicht immer wahr- oder ernst genommen, ein alarmierender Hinweis auf das Versagen der verschiedenen Dienste, europaweit zu kooperieren.

Die europäische Öffentlichkeit wird sich an den Gedanken gewöhnen müssen, dass mehr Sicherheit weniger Freiheit bedeutet, dass Europa in Sicherheitsfragen ähnliche Vorkehrungen wie Israel treffen muss, das seit Jahrzehnten mit islamistischem Terror leben muss und dennoch eine liberale, funktionierende Demokratie geblieben ist.

»Ich denke, die meisten europäischen Staaten müssen die Entscheidung treffen, was zuerst kommt: Bürgerrechte oder das Recht zu leben. Solange sie darüber diskutieren, werden sie nichts entscheiden. Und ich habe das Gefühl, ohne irgendwen zu kritisieren, dass sie noch nicht bereit dafür sind. Man kann diese Sicherheitsvorkehrungen nicht treffen, ohne den Alltag ein bisschen zu beeinflussen.«[1], sagt in einem Interview Nizan Nuriel, Direktor des Stabs zur Terrorbekämpfung im Büro des israelischen Regierungschefs von 2007 bis 2012. Dass eine Verschärfung der Sicherheitsmaßnahmen in Europa notwendig ist, muss auch eine politisch verantwortliche, demokratische Führung der Bevölkerung klar machen, sollen nicht verantwortungslose Populisten für die Wählerschaft immer attraktiver werden. Sie leisten keinen Beitrag zu erhöhter Sicherheit, sie gefährden die Grundwerte der liberalen Demokratie.

Wir erleben eine Zeitenwende. Wir wissen nicht, wohin die Reise geht. Migration, Brexit, die dramatischen Umwälzungen in der Türkei treffen und verunsichern ein in seinen Traditionen gelähmtes, überaltertes Europa, konfrontiert mit islamistischem Terror.

Annus mirabilis 1989, das »Wunderjahr«, war nicht das Ende der Geschichte, wie der amerikanische Politologe Francis

Fukuyama nach dem Fall der Berliner Mauer prophezeite und eine Ära des ewigen Friedens anbrechen sah. Seine Auffassung war, dass 1990 die liberale Demokratie und damit auch unsere Zivilisation gesiegt haben. Demokratie und soziale Marktwirtschaft würden sich nun auch in Osteuropa durchsetzen. Überall auf der Welt würde der wirtschaftliche Aufschwung eine Mittelschicht hervorbringen, die in einem parlamentarischen System mit Hilfe der demokratischen Supermacht USA erkennte, dass die liberale Demokratie die einzig mögliche und richtige, alternativlose Regierungsform wäre und die gesamte Menschheit erreichte im Kapitalismus den Idealzustand.

Die Prognose war falsch. Die Anzahl demokratisch regierter Länder ist seit 1990 kleiner geworden. In der internationalen Staatenwelt sind Menschenrechte und Demokratie nicht überall vorherrschend. Hingegen herrscht die Diktatur der Finanzmärkte. Und wo die Supermacht USA in ihrem missionarischen Eifer einen *regime change* herbeiführen wollte, dort entwickelten sich nicht aufgeklärte, liberale Demokratien, sondern es entstanden Chaos, Diktatur und Terrorismus.

Auch auf die Hoffnungen der Demokratisierungswelle im Osten Europas folgten die Enttäuschungen. Die beiden Supermächte, die für das Gleichgewicht des Schreckens gesorgt hatten, gab es nicht mehr. Nach einer kurzen Phase alleiniger US-Dominanz und relativer Ruhe ging das Abschlachten weiter. Im zerfallenen Jugoslawien 1991 bis 1995, in Ruanda mit dem Völkermord 1994 mit geschätzten 800 000 bis 1 000 000 Getöteten, im Nahen Osten scheiterte das Oslo-Abkommen von 1993 am Fanatismus israelischer Siedler und der von Israel-Vernichtungsfantasien getriebenen Hamas. Groß-Israel oder Groß-Palästina, der Konflikt scheint unlösbar.

Die Hoffnung auf ein Zeitalter der Toleranz schwindet. Die Rückkehr der Religionen auf die politische Weltbühne ermöglicht Fanatikern skrupellos geistlose

Angriffe auf die Vernunft. Der 2008 verstorbene amerikanische Politologe, Präsidentenberater und einer der einflussreichsten Geostrategen des Weißen Hauses, Samuel Huntington, scheint recht zu behalten: Auf das Ende des Kalten Krieges folgte ein religiös geprägter »Kampf der Kulturen«. Huntington konstatierte einen Machtschwund des Westens und den Aufstieg anderer Zivilisationen. Nach Jahrhunderten westlicher Dominanz nähert sich die Expansion des Westens ihrem Ende. Europa und die USA, die die ganze Welt nach ihren Vorstellungen gestalten konnten, verlieren ihre Übermacht. Die territoriale Machtausdehnung des Westens halbierte sich bis in die 1990er-Jahre. Andererseits versechsfachte sich die vom Islam beherrschte Fläche. Bis 1900 lebte ein Drittel der Weltbevölkerung im Westen, jetzt sind es noch etwas mehr als zehn Prozent, und alle Prognosen sagen eine weitere Abnahme voraus.

Widersprüchliche Weltanschauungen konkurrieren um die Deutungshoheit und haben dominierenden Einfluss auf die Geopolitik. Auf Vladimir Putins Expansionspolitik reagiert der Westen hilf- und ahnungslos ohne nennenswerten Widerstand mit umstrittenen Wirtschaftssanktionen.

Der militante Dschihad hat dem Westen den Krieg erklärt und stürzt den »Nahen Osten, wie wir ihn kennen« (Volker Perthes) in den Abgrund.

In der neuen Weltunordnung ist die liberale Demokratie in Gefahr und mit ihr die Idee der Menschenrechte, die von Religion, Nationalität, Geschlecht und sexuellen Vorlieben unabhängig universell gelten sollen.

Putins autoritär »gelenkte Demokratie«, Pekings Kapitalismus unter dem Diktat des Einparteiensystems, von Clans und Stammesführern gelenkte theokratisch beherrschte Regime wie in Saudi-Arabien und den Golfstaaten, gemäßigte Autokraten wie in Singapur, neosozialistische Experimente wie in Bolivien, Kuba und Venezuela oder mafiose Verhältnisse mit Warlords wie in großen Teilen Afrikas sind eine stete Herausforderung für die freie Welt.

Die Anschläge vom 11. September 2001 auf die Zwillingstürme des World Trade Center in New York mit fast 3000 Toten waren der Auslöser für den noch im gleichen Jahr begonnenen Afghanistankrieg und den 2003 vom Zaun gebrochenen Irakkrieg, den von der Bush-Regierung propagierten »Krieg gegen den Terror«. Zwei katastrophale Fehlschläge, die für die Heimsuchungen, die heute die Welt erschüttern, mitverantwortlich sind.

Am 20. September 2001 kündigte George W. Bush den »Krieg gegen den Terror« mit folgenden programmatischen Worten an:

»Am 11. September haben Feinde der Freiheit eine kriegerische Handlung gegen unser Land begangen. [...] Unser Krieg gegen den Terrorismus beginnt mit der Al-Kaida, aber er wird dort nicht enden. [...] Unsere Antwort umfasst weit mehr als unmittelbare Vergeltung und einzelne militärische Schläge. Die Amerikaner sollten sich nicht auf eine Schlacht, sondern auf einen lange andauernden Feldzug einstellen, wie wir ihn bislang noch nicht erlebt haben. Dazu können bedeutende militärische Schläge gehören, die im Fernsehen zu sehen sein werden, und verdeckte Operationen, die selbst bei Erfolg geheim bleiben werden. Wir werden die Finanzquellen der Terroristen austrocknen, sie gegeneinander ausspielen, sie von Ort zu Ort jagen, bis es keinen Ort der Zuflucht und der Ruhe für sie mehr gibt. Und wir werden Staaten verfolgen, die ihnen Hilfe oder Unterschlupf gewähren. Jede Nation in der Region muss nun eine Entscheidung treffen. Entweder sind sie auf unserer Seite oder auf der Seite der Terroristen. […]«[2]

Seither hat sich das Kriegsszenario ausgeweitet und verschärft. Afghanistan versinkt im Chaos der wieder erstarkten, um die Regierungsmacht kämpfenden Taliban, die irakische Staatsordnung zerfällt, das Machtvakuum füllen radikalislamische Terrorgruppen und blutrünstige Milizen.

Irak und Syrien sind das Epizentrum eines totalitär-faschistischen Islam. Auch wenn der aus den Trümmern des gestürzten Saddam-Regimes entstandene sogenannte »Islamische Staat« auf dem Rückzug ist und das 2014 ausgerufene Kalifat des Abu Bakr al-Baghdadi eines Tages nur noch Geschichte sein wird: Die freie Welt wird mit dieser »Theologie der Gewalt« (Rüdiger Lohlker) noch lange zu kämpfen haben. In diesem Kampf steht der Westen vor einer existenziellen Herausforderung: Wie kann eine im Sinne Karl Poppers »offene Gesellschaft« ihre Feinde besiegen, ohne ihre eigenen Ideale zu verraten?

Die tiefe Krise in der muslimischen Welt verstärkt nicht nur die faszinierende Anziehungskraft, die der IS auf radikalisierte Muslime weltweit ausübt, sie wird zusätzlich auch gefördert durch den Bankrott arabischer Diktatoren und deren brutal rücksichtsloser Niederschlagung von aufständischen Massenprotesten.

Die gescheiterte *Arabellion* – ein Euphe-
mismus der weltlichen Medien – ist mit
ein Grund für das geopolitische Desaster
im Nahen Osten. Chaos, Instabilität und
innerreligiöse Konflikte sind die Folge.
Die vor 100 Jahren von den Kolonial-
mächten gezogenen Grenzen lösen sich
auf. Irak, Libyen, Syrien sind *failed states*.
In der Türkei droht nach dem gescheiterten Putsch im Juli 2016 ein Bürgerkrieg
zwischen Anhängern des politischen Islam
und Verteidigern laizistischer Traditionen.
Der Staat am Bosporus, eine historische
Pufferzone zwischen Ost und West, wird
zum Albtraum EU-Europas. Nicht nur in
der Flüchtlingsfrage.

Die geopolitischen Umbrüche und
Terrorwellen im Nahen und Mittleren
Osten haben folgenschwere Auswirkungen
auf einen im Inneren verunsicherten Westen, der sich seiner eigenen Werte – Aufklärung, Bürger- und Menschenrechte,
Freiheit, Gleichheit, liberale Demokratie,
Toleranz – nicht mehr gewiss ist. Die äu-
ßere Unsicherheit verstärkt die innere.

Terrorismus gefährdet unser Alltagsleben, politische Kultur wird Opfer des nationalen Populismus.

George W. Bushs Afghanistan- und Irakkriege waren der Beginn der Überdehnung der mit militärischen Mitteln erzwungenen *Pax Americana* und als Folge einer gescheiterten geopolitischen Neuordnung der Anfang einer neuen isolationistischen US-Außenpolitik.

Barack Obama begann offiziell mit dem Rückzug der amerikanischen Truppen aus Afghanistan und dem Irak, Syrien ließ er außer Acht und verschlimmerte mit dieser Fehlentscheidung das humanitäre Desaster in dieser außer Kontrolle geratenen Region. Europa war ihm unwichtig geworden, der Ausbau der Einflusssphäre im Pazifik hatte Vorrang.

Wir leben in unsicheren, orientierungslosen Zeiten. Was immer die neuen Mächtigen im Weißen Haus strategisch planen, Washington wird die Aufgaben der NATO neu definieren.

EU-Europa, außenpolitisch weltweit ein Eunuch mit gelegentlichen diplomatischen Möchtegern-Erektionen, ist mit seinen eigenen Schwächen heillos überfordert.

Spätestens während der Finanzkrise 2007 wurde klar, dass Kapitalismus und Neoliberalismus keine funktionierenden Lösungsmodelle für die Welt im 21. Jahrhundert sind. Die biblischen Plagen von anno dazumal sind heute niedriges Wachstum, hohe Arbeitslosigkeit, zunehmende Ungleichheit, Perspektivlosigkeit der Jugend, Verlust der Glaubwürdigkeit der klassischen Medien, Zweifel an der Fähigkeit etablierter politischer Entscheidungsträger, Verschwörungstheorien.

Zur Erinnerung: Ein Prozent der Weltbevölkerung besitzt 46 Prozent der verfügbaren Ressourcen. 50 Prozent der Weltbevölkerung besitzen nichts:

»Die Aufteilung, die sich daraus ergibt, ist ziemlich bezeichnend: Wir haben eine Masse von Mittellosen, die die Hälfte der Weltbevölkerung ausmacht; wir haben eine feudale Oligarchie [...] und wir haben die Mittelschicht, die Stütze der Demokratie, die sich mit ihrem Anteil von 40 Prozent der Weltbevölkerung 14 Prozent der Ressourcen teilt. [...]«[3]

Die Nutznießer der Krise sind die nationalen Populisten, die Brexiteers, die Sympathisanten des Putin'schen Autoritarismus, die den Kampf gegen den Islam schüren und das Ende der EU anstreben. Sie verfolgen dieselben Ziele wie ihre erbittertsten Feinde, die Dschihadisten des IS.

Ein weiterer Treppenwitz der Geschichte.

FLÄCHENBRAND

Erklär das einem Kind!
Erklär einem Kind, was Kriege sind.
Erklär ihm die Toten, die Tränen.
Erklär ihm das Lachen derer, die töten.
Erklär ihm die kommenden Tage.

Wolf Wondratschek, *Gesang*

Seit 2001 haben die USA sieben muslimische Länder angegriffen: Afghanistan, Irak, Jemen, Libyen, Pakistan, Somalia, Syrien, immer unter dem Vorwand, im Kampf gegen den Terror Sicherheit und Stabilität zu bringen.

Das Gegenteil ist der Fall. Chaos, Diktatur und neue Gewalt. Die von den USA geführte »Koalition der Willigen« stürzte im Frühjahr 2003 im Irak das Saddam-Terrorregime. Die folgende Zerstörung der irakischen staatlichen Strukturen war der Auslöser für die Entstehung des »Islamischen Staates«. Die von Arroganz und Ignoranz geprägte brutale Besatzungspolitik der vermeintlichen Befreier führte zu neuem Terror, Krieg, Staatszerfall, Stagnation und Destabilisierung des Krisenbogens von Algier bis Karatschi. Was 2010 als Hoffnungsschimmer im Arabischen Frühling begann, endete in blutigen Gemetzeln.

Es begann in der tunesischen Kleinstadt Sidi Bouzid. Nach der Selbstverbrennung des Gemüsehändlers Mohamed Bouazizi, dessen mobilen Gemüsestand die Polizei konfisziert hatte, kommt es in Tunesien am 17. Dezember 2010 zu Demonstrationen. Der seit 1967 autokratisch herrschende Präsident Zine el-Abidine Ben Ali versucht, den Volkszorn zu beruhigen. Er besucht Mohamed Bouazizi im Spital. Zu spät. Bouazizi stirbt. Am 14. Jänner 2011 flieht Ben Ali mit seiner in der Bevölkerung verhassten Familie nach Saudi-Arabien.

Von Marokko bis zum Oman, vom Sudan bis in den Irak kommt es vereinzelt zu Protesten, am Tahrir-Platz in Kairo entzündet sich am 25. Jänner 2011 der Funke des Arabischen Frühlings, der Revolution, in der Hosni Mubarak, seit 30 Jahren Präsident, gestürzt wird. Seine Kompromissvorschläge akzeptiert der neue Machtapparat, der Oberste Militärrat, nicht. Es ist eine seltsame Revolution, in der die Menschen der Armee als Befreier zujubeln. Mubarak lehnt ein Exilangebot Saudi-Arabiens ab. Während seiner Prozesse in einem Militärspital untergebracht, wird er 2014 wegen Veruntreuung zu drei Jahren Haft verurteilt.

In Libyen gehen die Menschen im Februar 2011 auf die Straße, zuerst im Osten, dann landesweit. Nach anfänglicher Zurückhaltung droht Langzeitdiktator Gaddafi die Aufständischen »wie Ratten« zu töten. Im März ermächtigt der UNO-

Sicherheitsrat NATO-Staaten zum militärischen Eingreifen aus humanitären Gründen – und ermöglicht den Rebellen den Sieg. Am 20. Oktober wird Gaddafi in seiner Heimatstadt Syrte gefasst und getötet.

Nach dem Vorbild der Demonstrationen auf dem Kairoer Tahrir-Platz errichten in Manama, der Hauptstadt Bahreins, Demonstranten Zeltlager. Die Kundgebungen lässt König Hamad mit saudischer Hilfe brutal niederschlagen.

Im Jemen beginnen die Proteste gegen Langzeitpräsident Ali Abdullah Saleh Ende Jänner 2011. Ein Jahr später tritt Saleh ab und übergibt die Macht an seinen Stellvertreter Abed Rabbo Mansur.

In Syrien schlägt das Assad-Regime den Aufstand von Beginn an mit großer Härte nieder. So wie Bahrein den schiitischen Iran als Drahtzieher beschuldigt, so beschuldigt Syrien die Machthaber in Saudi-Arabien, Katar und in der Türkei. Das syrische Regime selbst wird unterstützt vom Iran, der libanesischen Hisbollah und Russland. Die Konflikte begannen als friedfertige Volksaufstände und enden in machtpolitisch rücksichtslosen Stellvertreterkriegen.

Die erschreckende Bilanz nach fünf Jahren Krieg in Syrien: Mindestens 300 000 Tote, jeder zweite Syrer ist innerhalb oder außerhalb des Landes auf der Flucht, 60 Prozent Arbeitslose im vom Krieg zerstörten Land, 85 Prozent der Bevölkerung leben unter der Armutsgrenze, die Lebenserwartung von 76 auf 55 Jahre gesunken, drei Millionen Kinder ohne Schule, geschätzte Wiederaufbaukosten 200 Milliarden US-Dollar, das Dreifache des jährlichen Bruttosozialprodukts vor dem Krieg. Auch die immateriellen Schäden und Verwüstungen dieser politisch, kulturell und religiös zerstörten Nation sind unermesslich.

Der syrische Flächenbrand wurde zum Schlachtfeld, auf dem der Iran, Saudi-Arabien und die Golfstaaten mit Waffengewalt, Dollars und Söldnern um die Vorherrschaft im Nahen Osten und dessen Ressourcen ringen.

Die Prognosen sind düster. Nach 2011, als in vielen arabischen Ländern vor allem die Jugend auf die Straße ging, um ihre korrupten, elitären und von der Gesellschaft abgekoppelten, repressiven Regime zu stürzen, blickt heute der Westen entsetzt auf die arabische Welt. Und ist mit schuld am Versagen der mächtigen Eliten, die staatliche Ressourcen unter sich aufteilten und sich um des eigenen Machterhalts willen auf Polizei, Militär und Geheimdienste stützten, anstatt sich um die Anliegen und Bedürfnisse der Bevölkerung zu kümmern.

Eine Lösung ist nicht in Sicht. Interventionen westlicher Mächte sind, wie die historische Erfahrung lehrt, kein geeignetes Mittel, um im Nahen Osten funktionierende Staaten zu schaffen.

Wie weiter? Ein denkbares Zukunftsszenario:

Der »Islamische Staat« verliert im Irak und Syrien Territorien, die Attraktivität des IS schwindet in den von ihm beherrschten Gebieten, wenn er die terrorisierte und unterdrückte Bevölkerung nicht mehr mit den wichtigsten Dienstleistungen versorgen kann. Aber ein Sieg der Regierungstruppen im Bündnis mit schiitischen Milizen und iranischen Pasdaran-Verbänden ist im Irak noch kein Garant für inneren Frieden und Stabilität. Und auch in Syrien bedeutet ein Zerfall der IS-Herrschaft noch kein Ende des Bürgerkrieges. Der »Erfolg« des IS in Syrien und seiner Terrorherrschaft in den Hochburgen Raqqa und Deir ez-Zor war nicht geplante Strategie, sondern Folge militärischer Gewalt des Assad-Regimes gegen regierungsfeindliche Städte wie Homs und Aleppo.

Die Region versinkt in apokalyptischen Albträumen entlang ethnischer, ideologischer und konfessioneller Bruchlinien. Geschürt und gesteuert werden diese Konflikte von externen Akteuren, Grenzen lösen sich auf, Milizen wechseln je nach Interesse und finanziellen Anreizen die Seiten, Millionen Verzweifelte sind auf der Flucht, das Heer der Toten wird unüberschaubar. Dieser Bürger-, Stellvertreter- und Mehrfrontenkrieg wird bis zum gegenseitigen Ausbluten ausgefochten.

Wir Europäer kennen ähnliche Horrorszenarien aus unserer eigenen Geschichte, auf dem Territorium des Heiligen Römischen Reiches von 1618 bis 1648. Es war Europas Dreißigjähriger Krieg. Analytiker sagen dem Nahen Osten und Nordafrika eine ähnliche Entwicklung voraus: Den Aufständen in der arabischen Welt folgen Klimakriege und Verteilungskämpfe, Hungerepidemien und neue Völkerwanderungen, wirtschaftliche Zusammenbrüche, mörderische ethnische, ideologische und religiöse Rivalitäten. Der politische Islam bedroht die autokratischen Regierungen der Region. Die liberale Demokratie bleibt ein Minderheitenprojekt eingeschüchterter und verfolgter intellektueller Hoffnungsträger. Weitere Staaten zerfallen, kriminelle Banden verdienen mit grenzüberschreitenden Waffen und Menschenhandel. Korruption und Misswirtschaft verschlimmern das soziale Elend, gewissenlose Dschihadistengruppen nutzen die Misere und manipulieren die Massen. Despoten verteidigen ihre Macht mit Gewalt, verlieren aber die Kontrolle über eine Katastrophendynamik, die sie selbst verursacht haben.

Sunnitische und schiitische Rebellengruppen umwerben global orientierungs- und perspektivlose Jugendliche aus Afghanistan, dem Iran, Russland, Europa und anderen Staaten. Dschihadisten verteidigen mit Unterstützung ausländischer Kombattanten ihre Territorien. Die ethnischen Konflikte zwischen Arabern, Kurden und Turkmenen verschärfen sich.

Die internationale Gemeinschaft ist unfähig zu intervenieren und spielt weiterhin keine entscheidende Rolle. Den europäischen Ländern fehlt der politische Wille zur Krisenbewältigung, die Türkei und Russland verfolgen eigene strategische Interessen.

Im Streben nach regionaler Vorherrschaft heizen der Iran und Saudi-Arabien den Konflikt weiter an, die Bevölkerung leidet zunehmend unter dem wirtschaftlichen Zusammenbruch. Es entsteht eine Kriegswirtschaft, die Kriegshetzern, kriminellen Banden, Menschenschmugglern und Terrorgruppen nützt.

Der syrische Bürgerkrieg wird zum Flächenbrand mit verschiedenen staatlichen und nichtstaatlichen Kriegsparteien. Der territorial reduzierte »Islamische Staat« verstärkt seine Terroranschläge in Europa und den USA.

Die Konfliktparteien werden unüberschaubar: der harte Kern des Assad-Regimes, verschiedene syrische Rebellengruppen, kurdische Milizen, die schiitische Hisbollah, Truppenverbände aus dem Irak, dem Iran, der Türkei, Russland und Saudi-Arabien. Zerstrittene Gruppierungen verteidigen ihren »wahren« Islam, autoritäre Regime nützen diese internen Fraktionskämpfe ihrer ideologisch-religiösen Gegner zum eigenen Machterhalt, die Kriegsschauplätze ändern sich. Die Aufbruchsstimmung und der Hoffnungsschimmer der jüngeren Generation, dass Bürger und Bürgerinnen Rechte haben, vor allem das Recht, korrekt regiert zu werden, werden in blutigen Gemetzeln erstickt. Weder Syrien noch der Irak, zentralistisch geführte Staaten, überleben in ihren heutigen Grenzen.

Nach 40 Jahren amerikanischer Vorherrschaft im Nahen Osten zeichnet sich eine russisch-iranische Allianz ab. Putins Taktik der Überrumpelung zermürbt den Westen und stellt die Politik des Westens aufs Neue vor vollendete Tatsachen. Der Ukraine-Konflikt ist ein abschreckendes Lehrbeispiel: Naive westliche Politiker betrachten den Kreml-Herren nicht als Aggressor, sondern als Stabilitätsfaktor, obwohl Moskaus verdeckter Interventionskrieg in der Ukraine einen Bürgerkrieg im Osten des Landes zur Folge hatte. Auch wenn das Schlachtfeld Ukraine im Westen in der öffentlichen Wahrnehmung in Vergessenheit zu geraten droht – Russland führt Krieg. Auch gegen den Westen. Der Kreml bricht internationale Verträge, setzt militärische Gewalt ein, annektiert die Krim, destabilisiert die Ukraine. Russland will wieder Großmacht sein, interpretiert die NATO-Osterweiterung als existenzielle Bedrohung. Der russische Nationalismus macht aber nicht an Russlands Grenzen Halt.

Die gefährlichen Brandherde sind nicht nur Kämpfe der islamischen Welt gegen die westliche Kultur, ein Konflikt zwischen der EU und Russland um die Ukraine und der Streit Chinas mit seinen Nachbarn um die Vorherrschaft im südchinesischen Meer.

Es geht um die Aufteilung der weltweiten Vorräte an Öl und anderen Ressourcen, um die Kontrolle der Handels- und Wasserwege und des Welthandels. Es geht um die Frage, ob die USA als »einzige Weltmacht« (Zbigniew Brzeziński) ihre Vormachtstellung sichern kann oder ob sie mit ihren Konkurrenten EU sowie dem wieder nach Weltmachtgeltung strebenden Russland und dem wirtschaftspolitisch expandierenden China die Einflusssphären teilen muss.

Zbigniew Brzeziński, von 1977 bis 1981 Sicherheitsberater des US-Präsidenten Carter, die graue Eminenz unter Amerikas Globalstrategen, Befürworter und Unterstützer der Mudschaheddin in Afghanistan während der sowjetischen Besatzung des Landes am Hindukusch 1979 bis 1989, sieht die USA als Weltmacht-Monopolisten: »Nicht nur beherrschen die Vereinigten Staaten sämtliche Ozeane und Meere, sie verfügen mittlerweile auch über die militärischen Mittel, die Küsten mit Amphibienfahrzeugen unter Kontrolle zu halten, mit denen sie bis ins Innere eines Landes vorstoßen und ihrer Macht politische Geltung verschaffen können. Amerikanische Armeeverbände stehen in den westlichen und östlichen Randgebieten des eurasischen Kontinents und kontrollieren außerdem den Persischen Golf.«

Brzeziński sieht Eurasien als »das Schachbrett, auf dem der Kampf um globale Vorherrschaft in Zukunft ausgetragen wird«. Seine Einschätzung: Zwischen den westlichen und östlichen Randgebieten, zwischen Westeuropa und Südostasien befindet sich ein »gewaltiger, dünn besiedelter, derzeit politisch instabiler Raum« – Russland. »Südlich von diesem großen zentraleurasischen Plateau liegt eine politisch anarchische, aber an Energievorräten reiche Region.«[4]

Diese Region bilden die ehemaligen muslimischen Südstaaten der am 31. Dezember 1991 aufgelösten Sowjetunion – die Länder des Südkaukasus, der NATO-Aspirant Georgien, Russlands Verbündeter Armenien und das erdölreiche Aserbaidschan. Hier werden im globalen Schachspiel die Interessen des Westens, also der USA und Europas, und des Ostens, also Russlands und Chinas, aufeinanderprallen. Diese drei Staaten sind deshalb geostrategisch so bedeutend, weil sie den wichtigen Korridor zwischen der erdölreichen Kaspischen-See-Region und dem Schwarzen Meer bilden. Von Aserbaidschans Hauptstadt Baku am Kaspischen Meer verläuft eine 1760 Kilometer lange Pipeline über georgisches Territorium bis Ceyhan am Mittelmeer in der türkischen Provinz Adana und von dort weiter in den Westen.

Brandgefährlich bleibt die verworrene Lage in der Ukraine. Die ehemalige Kornkammer der Sowjetunion grenzt an die NATO-Staaten Polen, Ungarn, Slowakei und Rumänien und ist geostrategisch wichtig im Kampf um die Vorherrschaft in Eurasien. Im Falle eines ukrainisch-russischen Krieges wären das Baltikum, Polen, die Slowakei, Ungarn und Rumänien Frontstaaten. Ruft eines dieser Länder die NATO um Hilfe an, dann tritt Artikel 5 der NATO-Charta in Kraft, das heißt, es tritt der Bündnisfall ein. Eine Schreckensvision für den Fall, dass nicht nur die USA sondern auch die westeuropäischen NATO-Länder in diesen Krieg hineingezogen werden. Die Länder der Krisenregion rüsten weiter auf.

Die weltweiten Rüstungsausgaben sind nach einem Bericht des Internationalen Stockholmer Friedensforschungsinstituts SIPRI 2015 gestiegen. Demnach betragen die Rüstungskosten global fast 1,5 Billionen Euro. Das entspricht 2,3 Prozent des weltweiten Bruttoinlandsprodukts. Allein die Vereinigten Staaten von Amerika haben 523 Milliarden Euro für Rüstungsgüter ausgegeben, mit 189 Milliarden Euro betreibt China die zweitgrößte Kriegsmaschinerie der Welt. Die Militärausgaben der Staaten Asiens und Ozeaniens haben sich um je 5 Prozent erhöht. Der Konfrontationskurs der USA gegen China führte zu einer Militarisierung der gesamten Asien-Pazifik-Region. Die US-Verbündeten Indonesien, Japan, die Philippinen und Vietnam kauften mehr Waffen von den USA. Russland gab 58 Milliarden Euro für Rüstung aus, weniger als Saudi-Arabien mit 76 Milliarden Euro. Deutschlands Militärausgaben beziffert SIPRI mit 34 Milliarden Euro. Der Konflikt zwischen Russland und der Ukraine ließ die Militär-

ausgaben auch dieser beiden Staaten an-
steigen. Kräftige Zuwächse registrierte
SIPRI in den Anrainerstaaten Polen und
den drei baltischen Ländern, die eine stär-
kere militärische Bedrohung durch Russland fürchten.

Angesichts dieser kalten Rüstungssta-
tistik resigniert offenbar auch der deutsche Liedermacher und Friedensaktivist
Konstantin Wecker:

Keiner Ideologie
keinem politischen Machthaber
war je daran gelegen,
den Feind wirklich zu verstehen.
Ideologien nähren sich an ihrem
jeweiligen Feindbild,
sie wachsen daran,
bis sie letztendlich zerplatzen und
wieder neue Feinde gebären.
Und solange wir ihnen blind
                              vertrauen,
werden wir immer wieder
gehorsam die Namen unserer Metzger
                              skandierend

zur Schlachtbank marschieren.
Letztlich sind wir nur Kanonenfutter,
denn solange auch nur ein Mensch
am Krieg Geld verdient,
wird es Kriege geben.

Der ehemalige EU-Kommissionspräsident Romano Prodi träumte 2002 von einem *ring of friends* rund um Europa: »Ich möchte einen Ring der Freundschaft die Union und ihre engsten europäischen Nachbarn umfassen sehen, von Marokko bis Russland und zur Schwarzmeer-Region.«

Dieser Traum ist ausgeträumt. Heute zieht sich ein *ring of fire* entlang der Peripherie Europas, von der Ukraine, dem Kaukasus über den Nahen Osten und Nordafrika. 12 von 16 Ländern der europäischen Nachbarschaftspolitik werden von Bürgerkriegen, zwischenstaatlichen Kriegen, eingefrorenen Konflikten und Gebietsbesetzungen zerrüttet. Die Wahrscheinlichkeit, dass in dieser aus den Fugen geratenen Welt in absehbarer Zeit Frieden einkehrt, ist äußerst gering.

EXODUS

Immer war ein erheblicher Teil der Menschheit in Bewegung, auf der Wanderung oder auf der Flucht, aus den verschiedensten Gründen, auf gewaltförmige oder friedliche Weise – eine Zirkulation, die zu fortwährenden Turbulenzen führen muss. Es handelt sich um einen chaotischen Prozess, der jede planende Absicht, jede langfristige Prognose zunichtemacht.

Hans Magnus Enzensberger,
Die Große Wanderung. 33 Markierungen

Dreharbeiten im Sommer 2012 im Flüchtlingslager Zaatari im Norden Jordaniens, sechs Kilometer südlich der syrischen Grenze, ein Jahr nach Ausbruch des Bürgerkrieges in Syrien. 80 000 Flüchtlinge vegetieren in Wohncontainern, junge Leute beklagen in Interviews ihr erbarmungswürdiges Schicksal und träumen von der Weiterflucht nach Europa. Hoffnung auf Rückkehr in ihre Heimat haben sie nicht mehr.

Das Flüchtlingslager wird in den kommenden Jahren zur fünftgrößten Stadt Jordaniens, die Aufrechterhaltung der Infrastruktur kostet täglich 500.000 US-Dollar. Hilfsorganisationen wie Ärzte ohne Grenzen bemühen sich um eine Linderung des Elends.

Auf diesem trostlosen Wüstengelände gibt es inzwischen zwei offizielle Supermärkte, eine Hauptstraße mit Läden und Marktständen namens Champs-Élysées. Der Handel blüht, internationale Spender finanzierten Feldkrankenhäuser und Schulen, das Wasser- und Stromnetz bezahlen die Vereinten Nationen. Es gibt Falafel-Buden und ein Reisebüro, es gibt aber auch sexuelle Gewalt und Prostitution, manche Eltern verheiraten ihre noch minderjährigen Töchter an vermögende

Brautwerber außerhalb des Lagers. Aber diese 80 000 Flüchtlinge sind auch 80 000 Konsumenten. Nach Schätzungen des Welternährungsprogramms geben sie monatlich elf Millionen US-Dollar in jordanischen Läden aus.

Millionen Menschen sind seit Jahren auf der Flucht. Zwei Drittel der weltweit rund 60 Millionen Flüchtlinge sind Vertriebene im eigenen Land, meist unterernährt, schlechter gestellt gegenüber Menschen mit Flüchtlingsstatus.

Das für uns Unerwartete war, dass Hunderttausende ihre Flucht zu »uns« nach Europa schafften. Der Preis der vermeintlichen Freiheit war hoch: In den vergangenen 15 Jahren sind 28 500 Menschen auf dem Weg in die EU gestorben, von Schleppern ausgebeutet, im Mittelmeer ertrunken, in Containern erstickt, im Wüstensand verdurstet. Unsere Welt ist im Wandel und die Flüchtlinge sind die Vorboten dieses Wandels.

Wir hätten gewarnt sein müssen: In der Sahelzone breitet sich die Wüste im-

mer weiter aus, die Länder von der West-
sahara bis zum Horn von Afrika sind
Bürgerkriegsgebiete und die Kriege im
Nahen Osten waren mit ein Auslöser für
die kommenden Flüchtlingsströme. Und
es werden noch mehr nach Europa kommen, denn seit Jahrhunderten war es in
Arabien nicht mehr so trocken wie jetzt.
Bauern wandern in die übervölkerten
Städte ab, ähnlich wie in Indien. Die Land-
bevölkerung fristet in den Slums der Met-
ropolen ein erbärmliches Dasein ohne
Auskommen, ohne Hygiene, ohne Zukunft. NASA-Satelliten registrierten schon
im Sommer 2010 dramatische Klimaverän-
derungen, die das labile Gleichgewicht
des Nahen Ostens kippen.

China wurde von einer Jahrhundert-
dürre heimgesucht, Steppenbrände in der
Ukraine und Russland, starke Über-
schwemmungen in Kanada, Australien
und den USA führten zu Missernten und
verdoppelten den Weizenpreis. Das traf
vor allem den Nahen Osten, eine Region
mit fünf Prozent der Weltbevölkerung,

aber nur einem Prozent der weltweiten Süßwasserreserven. Neun der zehn größten Weizenimporteure sind die Länder des Nahen Ostens.

In Syrien verendeten zwischen 2006 und 2011 rund 85 Prozent der Viehherden, 800 000 Bauern verloren ihren Lebensunterhalt, drei Millionen Verarmte zogen in die übervölkerten Städte. Dort lebten bereits eine Million Iraker, die vor Krieg und Wirtschaftselend im eigenen Land geflohen waren.

Die Flüchtlingswelle, die den Zusammenhalt unserer europäischen Gesellschaften herausfordert, hat eben nicht nur politische, sondern auch globale klimatische Ursachen. Was wir derzeit erleben, ist erst der Anfang. Millionen Entwurzelte werden folgen, wenn Armut, Kriege und der unaufhaltsame Klimawandel weite Teile des Nahen Ostens und Afrikas unbewohnbar machen. Sie werden aufbrechen aus Guinea, Liberia, Kamerun, Nigeria, Mali, Senegal, Sierra Leone … Sie wollen über das Mittelmeer nach Europa, Hunderttausende unqualifizierte Arbeitskräfte, die Europa nicht will. Die demografischen Prognosen sind ernüchternd: Bis 2050 wird sich die Bevölkerung Afrikas auf zwei Milliarden Menschen verdoppeln. Jede Frau in Afrika bringt im Durchschnitt sieben Kinder zur Welt.

Europa will vor allem keine weitere massive Zuwanderung aus muslimischen Gesellschaften. Diese Gesellschaften haben bei allen Unterschieden eines gemeinsam: ein furchteinflößendes Gewaltpotential.

Syriens Diktator Assad führt im Überlebenskampf seines Regimes seit Jahren einen Vernichtungs- und Vertreibungsfeldzug gegen das eigene Volk. Seine Luftwaffe terrorisiert mit Fassbomben von Rebellen kontrollierte Wohngebiete, zerstört Krankenhäuser, Märkte, Schulen. In Folterkellern verschwinden Zehntausende. In den Rebellenhochburgen verüben Aufständische schwerste Menschenrechtsverletzungen.

Im Irak fördert die fehlgeschlagene Befriedung des Landes nach der Invasion der Amerikaner Gewaltexzesse.

In Afghanistan war der Erfolg des Experiments *nation building* enttäuschend. Der Versuch, eine demokratische Gesellschaftsordnung aufzubauen, ist gescheitert. Musste scheitern. Die Gesellschaften in den genannten Ländern werden seit Jahrzehnten von Gewalt geknechtet. Gewalt ist ein Herrschaftsprinzip. Die Flüchtenden, die diesen Gewaltexzessen entkommen, sind bei uns zwar in physischer Sicherheit, doch in ihren Köpfen ist noch immer Krieg. Auch auf der Flucht erleben sie mitunter Schreckliches: Misshandlungen, Vergewaltigungen, Beschuss, Erniedrigung. Nicht jeder Flüchtling ist nach solcher Gewalterfahrung traumatisiert. Aber viele sind es. Nach Expertenmeinung jeder Dritte, der zu uns kommt, unter Kindern und Jugendlichen jeder Zweite. Diese Menschen brauchen nicht nur Decken, Kleidung, Spielzeug, Unterkunft und Arbeit, sie brauchen vor allem professionelle seelische Hilfe und Unterstützung, um ihre Gewalterfahrungen zu bewältigen.

Es kann nicht oft genug betont werden: Die überwiegende Mehrheit dieser Flüchtlinge verhält sich gesetzeskonform, aber eben nicht jeder. In jeder großen Menschengruppe, nicht nur unter Flüchtlingen, gibt es Unangepasste, Diebe, Kriminelle – und Gewalttäter. Die Furcht vor dem unverstandenen Fremden, der auch zum Konkurrenten am Arbeitsplatz werden kann, schürt Ängste in der eigenen Bevölkerung, vor allem die Angst vor wachsender Kriminalität und vor dem eigenen sozialen Abstieg.

Entscheidend für die Integration der Flüchtlinge in den kommenden Jahren ist eine positive wirtschaftliche Konjunkturentwicklung, die neue Arbeitsplätze schafft und Existenzängste der Einheimischen mindert. Über die Verteilung der Flüchtlinge wird in EU-Europa seit Jahren gestritten, denn es fehlt eine solidarische Verantwortungs- und Belastungsteilung. Wie viele dieser Elenden noch kommen werden, hängt von der künftigen politischen Entwicklung in den Ländern südlich und östlich der EU-Grenzen ab. Eine Lösung der Krisen und Kriege im Nahen und Mittleren Osten zeichnet sich nicht ab, der eskalierende Konflikt in der Ukraine hätte nicht nur unabsehbare Folgen für den Weltfrieden, sondern auch für die Menschen dieser osteuropäischen Region, die zur Flucht gezwungen werden.

Um eine solche, auch humanitäre Katastrophe zu verhindern, wäre ein Stopp der Waffenlieferungen in die Kriegs- und Bürgerkriegsgebiete und auch an Staaten notwendig, die direkt oder indirekt in die Konflikte involviert sind. Ein frommer Wunsch in Zeiten der neuen Weltunordnung.

ALLAHS ABENDLAND

Die Europäer glauben, dass die Muslime nur zum Geldverdienen nach Europa gekommen sind. Aber Allah hat einen anderen Plan. Wir werden ganz sicher an die Macht kommen. Ob dies jedoch mit Blutvergießen oder ohne geschieht, ist eine offene Frage.

Necmettin Erbakan, ehem. türkischer
Ministerpräsident, in Hagen am 15.04.2001

»Verpiss Dich, Ungläubiger!« – die Twitter-Botschaft des Erdogan-Beraters Burha Kuzu an Österreichs Bundeskanzler Christian Kern lässt das Wunschdenken verblassen, Islam und Demokratie seien vereinbar.

Die Pro-Erdogan-Kundgebungen in Köln und Wien und der aus der Menge ertönte Ruf nach Einführung der Todesstrafe in der Türkei lassen auch bei uns die Alarmglocken schrillen. Diese Demonstrationen zu Ehren des türkischen Staatspräsidenten nach dem gescheiterten Putsch einer Fraktion des türkischen Militärs waren ein deutliches Zeichen für die Stärke der von türkischen Geheimdiensten gesteuerten Hunderttausenden Erdogan-Anhänger mit nicht selten doppelter Staatsbürgerschaft.

Den türkischen Obsthändler, den arabischen Zeitungsverkäufer, den bosnischen Handwerker, die tschetschenische Putzfrau, die großen Aufklärer und Dichter der islamischen Kultur – Averroes, Rumi, Chajjam, Ibn Arabi und viele andere – jeder von uns kennt einen von ihnen, aber die wenigsten von uns kennen ihre Religion: den Islam als Gesetzesreligion, die das politische, soziale und kulturelle Leben bestimmt. Eine Religion, die keine sich selbst verwaltenden Bürgerschaften kennt, eine Glaubenslehre, die die Einheit von Politik und Religion fordert, und deren orthodoxe Anhänger den Islam für die einzige religiöse Wahrheit halten und sich auf die 114 Suren des Koran berufen. Ein Puzzle voller Widersprüche, von dem einige Forscher annehmen, dass Teile des den Muslimen heiligen Buches schon vor der verkündeten Lehre des Propheten Mohammed geschrieben wurden, und der Name Mohammed – der Gepriesene – in der Spätantike ein Beiname Jesu Christi gewesen sei. Die kritisch-aufgeklärte Islamforschung porträtiert den Propheten auch als Verherrlicher von Gewalt, der sich in seinem Stammesgebiet Medina »vom verachteten beziehungsweise verhassten Sektenprediger und Unruhestifter zum in religiösen und weltlichen Angelegenheiten gegenüber Juden, Christen und Heiden Unfehlbarkeit beanspruchenden Führer eines auf der ganzen Halbinsel geachteten Staatswesens« entwickelt hatte. »Die Antworten des Islam auf die Herausforderungen seines Ursprungsmilieus, der Gesellschaft auf der arabischen Halbinsel im frühen 7. Jahrhundert, waren so wenig gewaltfrei wie diese selbst. Für die Gegenwart gefährlich wird es dann, wenn aus dem Koran und Mohammeds vorgeblicher Praxis abgeleitete Normen heute mit staatlicher oder nichtstaatlicher Gewalt als unmittelbar gültige Gesetze durchgesetzt werden sollen.«[5]

Der Philosoph und Schriftsteller Peter Sloterdijk kommt wie der »unvorbereitete Leser des Koran nicht umhin zu staunen, wie ein heiliges Buch, ohne Furcht davor, sich selbst zu dementieren, nahezu auf jeder Seite den Feinden des Propheten und des Glaubens die Pein des ewigen Feuers anzudrohen vermag.«[6]

Ayaan Hirsi Ali, die niederländisch-amerikanische Politikerin, Politologin, Frauenrechtlerin und Islamkritikerin somalischer Herkunft, schreibt: »Da die im Namen des Islam begangene Gewalt oft durch den Koran gerechtfertigt wurde, müssen wir die Muslime auffordern, ihren heiligsten Text endlich einmal kritisch zu hinterfragen. Dieser Prozess kann nur beginnen, wenn man anerkennt, dass der Koran von Menschen verfasst wurde und zahlreiche innere Widersprüche aufweist.«[7]

Hamed Abdel-Samad, ägyptisch-deutscher Politikwissenschaftler und Publizist, bringt es auf den Punkt: »Der Prophet hatte genug Macht und Einfluss auf die Welt, die ihn hervorbrachte und die er gut kannte. Warum aber muss er die gleiche Macht und den gleichen Einfluss in einer Welt behalten, die er nie gekannt hat und die ihn wiederum nur aus Erzählungen kennt, die stimmen oder nicht stimmen können? Warum muss er noch im 21. Jahrhundert bestimmen, wer wen lieben oder heiraten darf und was man tun, essen oder anziehen sollte? Mohammed war ein Gefangener seiner eigenen Geschichte. Vieles, was er getan oder gesagt hat, war das Ergebnis seiner ganz persönlichen Ängste, Stärken und Schwächen. Warum begeben sich Menschen noch heute in diesen Geschichtskäfig und glauben, nur so komme das Heil?«[8]

Darüber in einer breiten Öffentlichkeit zu diskutieren, scheuen sich noch immer zu viele islamische Religionsgelehrte, obwohl seit der Silvesternacht am Kölner Hauptbahnhof und nach Vergewaltigungen am Wiener Praterstern einige Fragen erlaubt sein müssen. Woher kommt diese Frauenverachtung? Sie ist nicht afghanisch, sie ist nicht arabisch, sie ist nicht pakistanisch, sie ist islamisch motiviert. Darauf hinzuweisen sind unsere politischen Beschwichtigungsapostel zu feige. Und wer darauf hinweist, wird in falsch verstandener political correctness als Rassist diffamiert.

Bitte nachlesen:

Sure 2, 187: »So verkehrt mit ihnen, und macht von dem Gebrauch, was Allah euch eingeräumt hat.«

Sure 2, 223: »Eure Frauen sind für euch ein Saatfeld, geht zu Eurem Saatfeld, wo immer ihr wollt.«

Sure 4, 34: »Die Männer stehen über den Frauen. [...] Die tugendhaften Frauen sind die gehorsamen. [...] Diejenigen aber, deren Widerspenstigkeit ihr fürchtet, ermahnt sie, meidet sie im Ehebett und schlagt sie.«[9]

Dieses Frauenbild wird in weiten Bevölkerungsschichten des islamischen Kulturkreises gelebt. In Europa darf es sich nicht durchsetzen. Der oberflächliche Streit um die Burka verhüllt nur das wahre Ausmaß des Problems und dient Populisten aller Lager als Vorwand für billige Polemik. »Das islamische Kopftuch«, urteilt der Bremer Politikwissenschaftler Stefan Luft, »kann als Ausdruck religiöser Selbstbestimmung und Identität interpretiert werden, ebenso aber auch als Ausdruck von Abgrenzung und Diskriminierung von Frauen im Islam. […] Die Religionsausübung und die Orientierung einer Religion sind bei Muslimen verbreiteter als bei der christlich registrierten Bevölkerung. […] Da die christlichen Kirchen seit Jahrzehnten einen starken Erosionsprozess erleben (steigende Zahl der Kirchenaustritte, sinkende Frequenz des Gottesdienstbesuchs) wird der Islam auch im Zusammenhang mit den Flüchtlingen als Bedrohung wahrgenommen.«[10]

Da der Vollkörperschleier in den europäischen Gesellschaften kein Ausdruck femininer muslimischer Selbstbestimmung ist, wird er als Kampfansage an die Werte der Aufklärung interpretiert, die Frauen zu Objekten männlicher Allmachtfantasien entwertet. Wer Burka, Hidschab oder Nikab trägt, regionale Besonderheiten im arabischen Raum, bekennt sich in diesem Verständnis zum ultraorthodoxen Islam, zur Islam-Interpretation der Wahhabiten und der Taliban und ihrer Ideologie des Hasses und des gewaltbereiten Puritanismus, einer Ideologie der Scharfmacher, die im Namen einer Religion Menschen terrorisieren, wie der »Islamische Staat« im Irak, Libyen und Syrien, die Schabab-Milizen in Somalia, oder die Herrscher-Cliquen in Saudi-Arabien und dem Iran, die skrupellos die Religion für ihre politischen Zwecke instrumentalisieren. Und dies auch bei uns versuchen. Burka-Islam gegen Euro-Islam, wie wir ihn bisher kannten.

Bassam Tibi, der in Damaskus geborene Sozialwissenschaftler, Islamologe und bis 2009 Professor für Internationale Beziehungen an der Universität Göttingen, nennt die Grundvoraussetzungen für die Rettung eines von den Dschihadisten bedrohten europäischen Islam:

»1. Trennung von Religion und Politik im Rahmen der Privatisierung des Glaubens.

2. Aufgabe der islamischen Konzepte von Dschihad und Scharia, die jede Integration behindern.

3. Islamische Akzeptanz der säkularen Demokratie als Werteorientierung für ein Gemeinwesen, in dem Muslime und Nichtmuslime als citoyens leben.

4. Toleranz im Sinne der europäischen Aufklärung und nicht als das, was Muslime unter Toleranz verstehen, nämlich Duldung von Christen und Juden als *Dhimmi*, untergeordnete

Gläubige; diese Auffassung widerspricht der Grundidee Europas.

5. Aufgabe des islamischen Anspruchs auf *Siadat*, die Vorherrschaft und religiöse Überlegenheit der Muslime, zugunsten eines Pluralismus der Religionen.

6. Bestimmung der in Europa lebenden Muslime als Individuen, nicht als Kollektiv, im Rahmen von individuellen Menschenrechten; Geschlechtergleichheit und Glaubensfreiheit gelten für Bürger einer Zivilgesellschaft als Individuen in einem demokratischen Gemeinwesen, nicht für ethnisch-religiöse Kollektive. Wenn diese Vision von der Politik und von Muslimen nicht getragen werden kann, ist eine Europäisierung unmöglich.«[11]

Bosnien-Herzegowina galt als gelungenes Beispiel eines aufgeklärten europäischen Islam. Seit arabische Investoren und wahhabitische Ideologen nach dem Dayton-

Friedensabkommen 1995 auf den Trümmern des kriegszerstörten Landes Fuß fassten, entstanden 64 illegale muslimische Gemeinschaften, die der staatlichen Kontrolle immer mehr entglitten. Muslimische Kämpfer, Al-Kaida-Anhänger und Mudschaheddin aus Afghanistan, Pakistan, Saudi-Arabien und Tschetschenien hatten im Krieg von 1991 bis 1995 auf Seite der muslimisch-bosniakischen Armee gekämpft. Viele von ihnen blieben auch nach dem Krieg im Land, heirateten junge Bosnierinnen und bekamen die bosnische Staatsbürgerschaft. Es gelang der Regierung in Sarajewo nicht, alle ungeliebten Gäste auszuweisen. Die Al-Kaida-Ideologie und die Propaganda des IS-Staates zeigten Wirkung: Heute bauen radikale Sunniten in Bosnien-Herzegowina Schläferzellen auf, predigen den Dschihad und werben Kämpfer für den »Islamischen Staat« an – in einem Land an der EU-Grenze, für dessen Stabilisierung die Weltgemeinschaft seit Kriegsende 1995 90 Milliarden Euro ausgab.

Afghanistans Hauptstadt Kabul, die ich Ende der 1960er-Jahre kennenlernte, ist ein abschreckendes Lehrbeispiel für diese Entwicklung und das Versagen der Staatengemeinschaft im Abwehrkampf gegen den Dschihadismus. In Kabuls sogenannter Chicken Street, einem Hippie-Treff der 1960er-Jahre, wo afghanische Mädchen in Miniröcken flanierten, flanieren heute bärtige Kalaschnikow-Träger und in billigblaue Burkas verhüllte Frauen.

Auch vom Hindukusch kommen heute Flüchtlingsmassen in eine europäische Welt, in der inzwischen Parallelgesellschaften entstanden sind, in denen orthodoxe salafistische Muslime und Islamisten die säkularen Muslime und Befürworter einer offenen Zivilgesellschaft zum Schweigen bringen wollen.

ANGST UND TERROR

Unsere Brüder von Al Kaida verkünden die frohe Botschaft der Gründung des Islamischen Staates. [...] Ziel ist es, unsere Religion und ihre Anhänger zu schützen und einen internen Konflikt, das unnötige Vergießen von Märtyrerblut und die nutzlose Selbstaufopferung der Glaubenskämpfer zu vermeiden.

Aufruf des »Islamischen Staates«, 2014

Früher gingen sie zur SS, heute zum IS. Sie verbreiten Angst und Schrecken, von Allmacht -und Größenwahnfantasien getriebene junge Männer, die ihre Verbrechen in aller Öffentlichkeit inszenieren: in Istanbul, Dhaka, Bagdad, Beirut, in Paris vor einem Fußballstadion, in Straßencafés und in einer Disco, in Brüssel am Flughafen und in der Metro, in Nizza auf der Strandpromenade, in Rouen in einer katholischen Kirche. Der IS-Terror droht, die Geißel der westlichen Gesellschaften zu werden – gefährlich, unberechenbar und in seiner Brutalität gnadenlos. Amokläufer, getrieben von paranoidem Vernichtungsdrang, mit einem gestörten Selbst- und Weltbild, in dem religiöse Überzeugung zur politischen Ideologie pervertiert wird. Die Religion wird propagandistisches Mittel zum Zweck. Der Islam war der Vorwand, mit dem IS-Führer Dschihadisten aus Europa, dem Kaukasus und arabischen Ländern köderten, um ihre Willkürherrschaft zu verwirklichen. Ein perfides System, das die führenden IS-Kader, die meisten von ihnen ehemalige Offiziere und Geheimdienstoffiziere der 2003 gestürzten Saddam-Diktatur, perfektionierten.

Samuel Laurent ist einer der wenigen intimen Kenner der inneren Strukturen in den vom IS kontrollierten Gebieten: »Jede

Abteilung erfüllt perfekt ihre Rolle. Die Armee, die Polizei, die Finanzverwaltung, der Gesundheitsdienst, das Schulwesen, die Justiz, die regionale Verwaltung, der Geheimdienst, aber auch der Propagandaapparat, der elektronische Krieg und die terroristischen Operationen im Ausland. […] Das ist ihre erschreckende Kriegsmaschinerie.«[12]

Auch wenn das vom IS ausgerufene »Kalifat«, die »Schwarze Macht« (Christoph Reuter), Zerfallserscheinungen zeigt – als digitale Schattenmacht wird der »Islamische Staat« nicht verschwinden. Wenn er weitere Gebiete verliert, wird er in den Untergrund abtauchen und von dort aus Terror verbreiten, ähnlich wie die Taliban in Afghanistan, deren Ideologie ihre Herrschaft überlebte. Der IS ist nicht auf die Zusammenarbeit mit der Bevölkerung in den von ihm eroberten Städten und Dörfern angewiesen, er beherrscht und manipuliert die sozialen Medien und nutzt diese für die Rekrutierung seiner Kämpfer und Sympathisanten. Mit rund 50 000

Accounts bei Twitter und 100 000 Seiten bei Facebook verbreitet er seine radikalen Ideen weltweit. Sein mehrsprachiges Online-Propagandamagazin *Dabiq*, benannt nach einer nordsyrischen Stadt, in der nach islamischer Eschatologie die muslimischen Armeen den Endkampf gegen die »Kreuzzügler« führen werden, erläutert die langfristige Strategie des IS. Brutale Bilder und Videos sollen die westliche Öffentlichkeit einschüchtern und selbst diese Verbrechen als Teil eines göttlichen Plans glorifizieren. Die Tragik der Gegenschläge des Westens ist, dass seine Antiterrorstrategen bis heute nicht realisiert haben, wie dieses »Kalifat des Schreckens« (Guido Steinberg) im innersten Kreis seiner Entscheidungsträger funktioniert.

Die Amokläufer und Terroristen des IS repräsentieren einen neuen Typ von Gewaltverbrechern. Sie bereiten ihre Anschläge lange vor und kündigen sie meistens im Internet an. Das Morden wird auf offener Bühne inszeniert. In ihrer Allmachtarroganz verstecken sie sich nicht und kosten die Angst und das Sterben ihrer Opfer aus. Ihr Ziel, möglichst viele Menschen umzubringen, stärkt ihr Ego. Historiker, Psychologen und Psychoanalytiker versuchen, dieses Phänomen zu entschlüsseln.

Dan Diner, Professor für Neuere Geschichte an der Hebrew University in Jerusalem und ehemaliger Direktor des Simon-Dubnow-Instituts für jüdische Geschichte und Kultur an der Universität Leipzig, analysiert die narzisstischen Kränkungen im kollektiven Unbewussten der Muslime und liefert auch für das scheinbar Unverständliche des IS-Terrors eine mögliche Interpretation: »Im Gegensatz zum westlichen Verständnis von Geschichte seit dem Anbruch der Moderne, das aufs Engste mit Bewegung und Entwicklung einhergeht, ist die Zeit im Kontext des Islam sakral versiegelt. [...] Auffällig ist, dass nicht eine lineare Fortentwicklung der Zeit in eine wie auch immer verstandene Zukunft, sondern die Utopie von einer Rückkehr zur idealisierten Vergangenheit die Vorstellung von Geschichte bestimmt. Imprägniert wird die Vorstellung von der idealen Zeit, vom Guten und vom Richtigen durch das sakrale Gesetz.«[13]

Das verletzte Selbstwertgefühl der Muslime hat nach Diners Auffassung mit dem historischen Niedergang und der Rückständigkeit des Islam zu tun. Aber anstatt die Ursachen für das Elend in der eigenen Geschichte zu suchen, wird für die elenden Zustände immer noch der kolonialistische Westen verantwortlich gemacht und nicht das Versagen der eigenen Eliten. Für Diner ist die Aggressionsbereitschaft, die der radikale Islamismus propagiert, die paranoide Reaktion auf ein selbstverschuldetes Modernisierungsdefizit.

Diese Modernisierungsverlierer finden Sympathisanten im Westen, die sich ebenfalls auf der Verliererstraße sehen. Was sie ideologisch eint, ist der Hass auf die Juden und die Wut auf die bestehenden Verhältnisse. Die Feindbilder der Roten Armee Fraktion (RAF) der 1970er-Jahre und der 2011 öffentlich in Deutschland bekannt gewordenen rechtsextremen terroristischen Vereinigung Nationalsozialistischer Untergrund (NSU) sind die gleichen: die Amerikaner, die Kapitalisten, die Imperialisten, die Zionisten und der demokratische Rechtsstaat. Wie schon die RAF setzen auch NSU und IS auf die »Propaganda der Tat«.

Die IS-Ideologie, ein Erbe der beiden totalitären Bewegungen des 20. Jahrhunderts, propagiert – wie der Kommunismus die klassenlose Gesellschaft und der Nationalsozialismus die arische Volksgemeinschaft – die *Umma* als muslimische Heilsgemeinschaft. Wie der Kommunismus den Klassenmord im Namen des Proletariats rechtfertigte, der Nationalsozialismus den Rassenmord im Namen der Nation, so begründen die IS-Barbaren ihre Massenmorde an Ungläubigen, Andersgläubigen und Apostaten als Auftrag des Propheten Mohammed.

Diese Islamisten und schriftgläubigen orthodoxen salafistischen Muslime und ihre multikulturell gesinnten europäischen Mitläufer wollen jede Islamkritik wegen vermeintlicher Respektlosigkeit gegenüber Andersgläubigen als Islamophobie verbieten. Schluss mit der Schönfärberei des monotheistischen Einerlei: Der Islam ist keine Religion wie die beiden anderen Eingottglauben, das Judentum und das Christentum.

Keine Toleranz gegenüber den Intoleranten! Sie missbrauchen unsere Freiheit, um unsere Gesellschaften zu zerstören.

Vor Jahren warnte der große Islamforscher Bernard Lewis: »Europa wird ein Teil des arabischen Westens, des Maghreb. Dafür sprechen Migration und Demografie. Europäer heiraten spät und haben keine oder wenige Kinder. Aber es gibt eine starke Immigration: Türken in Deutschland, Araber in Frankreich, Pakistaner in England. Diese heiraten früh und haben viele Kinder. Nach den aktuellen Trends wird Europa spätestens Ende des 21. Jahrhunderts muslimische Mehrheiten in der Bevölkerung haben.«[14]

Neben den bereits bisher existierenden Parallelgesellschaften in Europa – algerischen, türkischen, libanesischen, tunesischen, kurdischen – werden weitere entstehen: afghanische, irakische, syrische …

Der österreichische Politikwissenschaftler Michael Ley warnt: »Die Einwanderung erfolgt nicht nach Maßgabe einer Integration, sondern stellt eine systematische, koloniale Eroberung dar. Die militärische Kolonialisierung durch die Europäer führte verständlicherweise zum antikolonialen Kampf, zu Befreiungskriegen gegen die Okkupanten. Die heutigen Kolonialisten überschwemmen Europa hingegen als Opfer des Imperialismus und des Rassismus, das heißt: als legitime Avantgarde der Zerstörung der europäischen Zivilisation. […] Wir sind vom Faschismus offenbar derart traumatisiert, dass wir jegliche nationale und kulturelle Identität zerstören müssen, um einen Rückfall in die dunklen Zeiten Europas zu verhindern. Leider übersehen wir, dass wir denselben Faschismus wie unsere Väter und Großväter unterstützen –

nur in seiner islamischen Variante. Nicht nur der radikale Islam, sondern auch der orthodoxe, der direkt aus dem Koran stammt.«[15]

Die Blindheit oder Einäugigkeit europäischer Behörden hat den Vormarsch eines radikalen Islam gefördert, hat Imame, die keine Ahnung von Europa und Demokratie haben, in Moscheen und Gebetshäusern predigen lassen und die Statistiken über den Anteil der Muslime in Europa beschönigend gefälscht. Nicht 15 Millionen sondern geschätzte 30 Millionen Muslime leben bereits in Europa, unter ihnen Feinde der offenen Zivilgesellschaft, Handlanger der islamistisch-türkischen AKP und der Muslimbruderschaft. Dieser organisierte Islam ist zwar nur eine lautstarke Minderheit, hat aber einen verheerenden Einfluss auf die Subkultur der in Europa geborenen islamischen Jugendlichen, die keine Europäer mehr sein wollen. Sie sind das bevorzugte Rekrutierungsziel der sogenannten islamistischen Gotteskrieger.

Unter der radikalisierten muslimischen Jugend Europas ist der »Islamische Staat« inzwischen Kult geworden. Seine stärkste Waffe bei der Anwerbung verlorener, zum Teil in die Kriminalität gefallener Jugendlicher sind identitätsstiftende, Gewalt und Macht verherrlichende Propagandavideos.

Der Chef der internationalen Propagandaabteilung des IS, Geheimdienstkoordinator und Befehlshaber der IS-Truppen in Syrien, Abu Mohammad al-Adnani, kam Ende August 2016 bei Gefechten in der nordsyrischen Stadt Aleppo ums Leben, doch den Apparat des IS hat sein Tod nicht zum Schweigen gebracht. Mit dem Versprechen, dass im Paradies 72 vollbusige und glutäugige Jungfrauen jeden Muslim erwarten, der im Kampf für den Islam stirbt, also im Dschihad umkommt, verblenden radikale Islamisten weiterhin junge, oft von Potenz- und Allmachtfantasien getriebene Jugendliche mit Machogehabe. Psychologen und Soziologen versuchen, das Psychogramm dieser vermeintlichen Gotteskrieger zu enträtseln: Die Freiwilligen des IS, die von Europa aus nach Syrien und Irak in den Dschihad ziehen, sind meist junge Männer mit persönlichen und familiären Problemen aus bildungsfernen, kriminellen Milieus.

Am Tag nach der Rückeroberung eines ihrer Stützpunkte in der irakischen Stadt Tikrit im Frühjahr 2015 sahen wir Journalisten, wie die unter schwarzen Fahnen und mit schwarzen Masken Mordenden gewütet hatten: ihre Opfer in Massengräbern und in ihren zerstörten Quartieren Schnapsflaschen, Pornohefte, Captagon-Kapseln, Zigaretten – all das, was sie in ihrer Propaganda verbieten und mit drakonischen Strafen verfolgen.

Diese IS-ler sind die ersten »Porno-Krieger« des digitalen Zeitalters. Sie prahlen und schockieren mit ihren auf Videos dokumentierten Schandtaten, ihrer exzessiven Lust an Massenerschießungen, Kreuzigungen, Vergewaltigungen und der Versklavung von Frauen und Mädchen.

Zu diesem gewaltsamen Kampf rufen in europäischen Moscheen radikale Imame auf, die sich als die einzig wahren Gläubigen verstehen. Aufwachen!

ACH, EUROPA!

Wir müssen eine Art Vereinigte Staaten von Europa schaffen. [...] Wenn Europa vor endlosem Elend und schließlich vor seinem Untergang bewahrt werden soll, dann muss es in der europäischen Völkerfamilie diesen Akt des Vertrauens und diesen Akt des Vergessens gegenüber den Verbrechen und Wahnsinnstaten der Vergangenheit geben. [...] Aber ich muss Sie warnen. Vielleicht bleibt wenig Zeit.

Winston Churchill in Zürich, 19.09.1946

Europa – wohin? Ist die EU ein hoffnungsloser Sanierungsfall, in zwei Jahrzehnten wieder dort, wo sie in den Anfangsjahren war: eine Wirtschaftsunion ohne offene Grenzen, ohne gemeinsame Währung, ohne gemeinsame Außen- und Sicherheitspolitik?

»Vier europäische Krisen tanzen heute miteinander eine Quadrille: die Flüchtlings-, die Ukraine-, die Euro- und die Brexitkrise«, meint der bulgarische Politologe Ivan Krastev, Vorsitzender des Zentrums für Liberale Strategien in Sofia und Mitarbeiter des Instituts für die Wissenschaften vom Menschen in Wien, »eine Folge dieser Krisen wird die Marginalisierung Brüssels sein. Der EU-Austritt Großbritanniens bedeutet ein Erstarken Deutschlands. Die Russen sind mit der Brexit-Entscheidung zufrieden, denn sie meinen, dass Europa für seine Arroganz bestraft wurde. Für die europäische öffentliche Meinung ist heute die Türkei als Symbol des Islam und der Migrationskrise wichtiger als Russland. Erdogan hat Putin als Inbegriff des Bösen ersetzt.«[16]

In diesem Europa der neuen Weltunordnung haben die nationalistischen Vereinfacher und Allesversprecher Hochkonjunktur. Nicht auf Vernunft setzen sie, sondern auf Angst, nicht auf die Ideale der Aufklärung, sondern auf Rassismus und Volksverdummung. Sie schüren Nationalismus und die Sehnsucht nach dem Führer. Diesen Klonen der »Schlafwandler« (Christopher Clark) von 1914, die vor einem Jahrhundert Europas Völker in den Ersten Weltkrieg stürzten, sind kurzfristige Wahlerfolge wichtiger als das Langzeitprojekt Europa.

Die Exekutoren des Brexit werden auch künftigen Generationen erklären müssen, warum sie Großbritannien zerstört haben, doch das hindert die Rechtspopulisten in Dänemark und in den Niederlanden nicht, auch ihre Regierungen unter Druck zu setzen, um dem Beispiel der Briten zu folgen ... na dann, viel Glück den europäischen Zwergen, Maskottchen im Spiel der Global Player.

Die Geostrategen in Washington, Moskau und Peking können ohne EU leben – ein Konkurrent weniger im globalen Wettbewerb und Verteilungskampf.

Viktor Orbáns Ungarn, das im Namen einer »tausendjährigen christlichen Kultur« die Grundwerte einer liberalen Demokratie als unbrauchbar verwirft, Jaroslaw Kaczyńskis Polen, das die EU-Flagge aus dem Regierungsgebäude entfernen lässt, das Verfassungsgericht ausschaltet, ein Mediengesetz durchpeitscht, mit dem die Führungspositionen in öffentlich-rechtlichen Medien von der Regierung besetzt werden, François Hollandes und Nicolas Sarkozys Frankreich, das vor dem Front National einer Marine Le Pen in die Knie geht, die offenherzig erklärte, die EU zerstören zu wollen – sie alle nützen die Flüchtlingskrise und schüren die Angst vor einer »Überfremdung« Europas.

»Selten war die Atmosphäre der Welt (insbesondere unseres alten Europa) so vergiftet von Misstrauen, Uneinigkeit und Angst. Mit Unruhe nimmt man jeden Morgen die Zeitung zur Hand, mit einem Seufzer der Erleichterung legt man sie nieder, wenn nichts besonders Gefährliches sich ereignet hat. Das Misstrauen gegen die Nachbarn ist heute bei vielen Völkern nach und nach zu einer pathologischen Erscheinung geworden; überall schließen sich die Grenzen ängstlich ab, Tag und Nacht arbeiten in Europa die Fabriken, um nach 20 Jahrhunderten der herrlichsten Leistungen auf allen Gebieten der Kultur die großartigsten und genialsten Instrumente der Zerstörung zu schaffen.«[17]

Diese Zeilen schrieb Stefan Zweig im Jahr 1936. Wer wie Stefan Zweig an die Ideale der europäischen Aufklärung glaubt, an Menschenrechte, Freiheit, Gleichheit, Brüderlichkeit, muss diese heute auch verteidigen. Nicht das »Gespenst des Kommunismus« (Karl Marx) geht heute um in Europa, heute ist es das Gespenst des Nationalismus. Eine lautstarke Minderheit der Populisten marschiert für das Ende EU-Europas. Doch die Mehrheit der Europäer will genau das nicht. Sie darf ihnen nicht das Feld überlassen.

Der österreichische Jurist und Politikwissenschaftler Anton Pelinka, seit 2006

Professor im Nationalism Studies Program der Central European University in Budapest, analysiert treffend die negativen Folgen der Propaganda der extremen Rechten und extremen Linken für das Projekt Europa: »Die extreme Rechte läuft einem katastrophal gescheiterten, intellektuell abstoßenden Modell homogener Nationalstaaten nach – den Erfahrungen ethnonationaler Kriege, ethnischer Säuberungen und des Holocaust zum Trotz. Die extreme Linke wiederum steht am Rande des Integrationsprozesses und beckmessert, dass die Visionen, die schon unter der Herrschaft Lenins ein kläglich-abschreckendes Resultat gebracht haben, von und innerhalb der Europäischen Union nicht umgesetzt werden; dass die Union zwar die relativ beste aller historisch bekannten Ordnungen Europas, aber eben nicht eine perfekte Endgesellschaft ist.«[18]

Die große Idee der Vereinigten Staaten von Europa bleibt nach jahrelangen Versäumnissen, einem absurden institutionellen System Brüsseler Bürokratie, einer

»unheiligen Allianz« (Anton Pelinka) aus Nationalismus und Populismus politische Utopie. Die Vorstellung einer europäischen Zentralstaatlichkeit scheitert an der mangelnden Mehrheitsfähigkeit der politisch handelnden Akteure. An publizistischen Vorschlägen fehlt es nicht, allein es fehlt der politische Wille, nationalstaatliche Einzelinteressen aufzugeben.

Ach, Europa! nannte vor Jahren Hans Magnus Enzensberger sein Buch mit sieben fiktiven Länderreportagen aus Europa. »Ach, Europa!«, mag sich heute ein überzeugter Europäer denken, der ein Vereintes Europa für das wichtigste politische Projekt unseres Kontinents nach zwei Weltkriegen hält. Ein halbes Jahrhundert lang Friede, die größte Errungenschaft dieses Europa, gilt heute vielen als selbstverständlich. Ist es aber nicht. Dieses aus Kriegsruinen wiederentstandene und wiederaufgebaute Europa wurde für Hunderttausende vor Kriegen in ihrer Heimat Flüchtende zum rettenden Sehnsuchtsort.

NACHWORT

Mit der Freiheit ist es wie mit dem Sauerstoff beim Tauchen. Solange man ihn hat, bemerkt man ihn nicht, genauso wenig wie die Luft, die man atmet. Aber wenn die Luft fehlt, führt das über kurz oder lang zur Katastrophe.

Kreml-Kritiker Boris Nemzow,
erschossen in Moskau im Februar 2015

Friede, Rechtsstaatlichkeit, Sicherheit, Wohlstand – sie sind keine Naturgesetze.

Sie sind ein wertvolles, gefährdetes Gut, das immer wieder bedroht wird und immer wieder verteidigt werden muss. Gefordert sind deshalb Widerstandsgeist und Widerstandskraft, um jenen entgegenzutreten, die diese Errungenschaften der europäischen Aufklärung zerstören wollen, Demokratie und Menschenrechte mit Füßen treten – von außen und von innen.

Die Europäische Union ist am Scheideweg. Entweder sie schafft eine Neuorganisation und Neudefinition ihrer Institutionen, oder sie zerfällt.

Die Hilfsbereitschaft zahlreicher ehrenamtlich engagierter Mitarbeiter in der Flüchtlingskrise hat bewiesen, dass es den mutigen europäischen Bürger gibt. Er hat den Versagern der Politik gezeigt, dass die Kraft eines Staates heute nicht mehr die Regierung, die Bürokratie und Verwaltung ist, sondern der mündige Bürger, die aktive Zivilgesellschaft.

DANK

Ich danke auch diesmal Dr. Hannes Steiner, meinem Salzburger Verleger seit einem Jahrzehnt, für das Interesse an diesem Projekt.

Ich danke den Lektoren Caroline Metzger und Christian Seidl.

Zu besonderem Dank verpflichtet bin ich Dr. Joana Radzyner für Anregungen, kritische Einwände, Übersetzungen und Verfassen des Typoskripts – und vieles mehr.

QUELLEN

1 Nuriel, Nizan: Interview. In: dpa, 15.07.2016.

2 Bush, George. W.: Rede zur Lage der Nation, 29.01.2002. http://georgewbush-whitehouse. archives.gov/news/releases/2002/ 01/20020129-11.html.

3 Badiou, Alain: *Wider den globalen Kapitalismus. Für ein neues Denken in der Politik nach den Morden von Paris.* Aus dem Französischen übersetzt von Caroline Gutberlet. Berlin 2016.

4 Brzeziński, Zbigniew: *Die einzige Weltmacht. Amerikas Strategie der Vorherrschaft.* Frankfurt am Main 1999.

5 Richter-Bernburg, Lutz: *Ein zeitgemäßer Islam.* In: Süddeutsche Zeitung, 21.08.2016.

6 Sloterdijk, Peter: *Zorn und Zeit. Politisch-psychologischer Versuch.* Frankfurt am Main 2006.

7 Hirsi Ali, Ayaan: *Reformiert euch! Warum der Islam sich ändern muss.* Aus dem Englischen übersetzt von Michael Baer, Enrico Heinemann, Eva-Maria Schnitzler. München 2015.

8 Abdel-Samad, Hamed: *Mohamed. Eine Abrechnung.* München 2015.

9 Übersetzungen des Koran auf http://de.noblequran.org/

10 Luft, Stefan: *Die Flüchtlingskrise. Ursachen, Konflikte, Folgen.* München 2016.

11 Tibi, Bassam: *Warum ich kapituliere.* In: Cicero 6/2016.

12 Laurent, Samuel: *L'État Islamique.* Paris 2014.

13 Diner, Dan: *Versiegelte Zeit. Über den Stillstand in der islamischen Welt.* München 2007.

14 Lewis, Bernard: Interview. In: Die Welt, 28.07.2004.

15 Ley, Michael: *Die kommende Revolte*. Paderborn 2015.

16 Krastev, Ivan: *Brexit. Miliony much nie mogą się mylić*. Im Interview mit Wężyk, Katarzyna. In: Gazeta Wyborcza, 02.07.2016.

17 Zweig, Stefan: *Die geistige Einheit Europas*. In: Die Presse, 02.07.2016.

18 Pelinka, Anton: *Die unheilige Allianz. Die Rechten und die linken Extremisten gegen Europa*. Wien, Köln, Weimar 2015.

LITERATURAUSWAHL

Albayati, Amer: *Auf der Todesliste des IS. Ein Islam-Insider und -Reformer als Grenzgänger gegen Radikalismus und Terror.* Wien 2016.

Abdel Bari, Atwan: *Das digitale Kalifat. Die geheime Macht des Islamischen Staates.* Aus dem Englischen übersetzt von Laura Su Bischoff. München 2016.

Abdel-Samad, Hamed: *Mohamed. Eine Abrechnung.* München 2015.

Ansary, Tamim: *Die unbekannte Mitte der Welt. Globalgeschichte aus islamischer Sicht.* Aus dem Englischen übersetzt von Jürgen Neubauer. Frankfurt am Main/New York 2010.

Armstrong, Karen: *Im Namen Gottes. Religion und Gewalt.* Aus dem Englischen übersetzt von Ulrike Strerath-Bolz. München 2014.

Badiou, Alain: *Wider den globalen Kapitalismus. Für ein neues Denken in der Politik nach den Morden von Paris.* Aus dem Französischen übersetzt von Caroline Gutberlet. Berlin 2016.

Bobzin, Hartmut: *Mohammed.* München 2000.

Brague, Rémi: *Europa – seine Kultur, seine Barbarei. Exzentrische Identität und römische Sekundarität.* Aus dem Französischen übersetzt von Gennaro Ghirardelli. Wiesbaden 2012.

Brzeziński, Zbigniew: *Die einzige Weltmacht. Amerikas Strategie der Vorherrschaft.* Frankfurt am Main 1999.

Bush, George. W.: Rede zur Lage der Nation, 29.01.2002, http://georgewbushwhitehouse.archives.gov/news/releases/2002/01/20020129-11.html.

Diner, Dan: *Versiegelte Zeit. Über den Stillstand in der islamischen Welt.* München 2007.

Enzensberger, Hans Magnus: *Aussichten auf den Bürgerkrieg.* Frankfurt am Main 1996.

Enzensberger, Hans Magnus: *Die große Wanderung. 33 Markierungen.* Frankfurt am Main 1994.

Enzensberger, Hans Magnus: *Versuche über den Unfrieden.* Berlin 2015.

Ferguson, Niall: *Der Westen und der Rest der Welt. Die Geschichte vom Wettstreit der Kulturen.* Aus dem Englischen übersetzt von Michael Bayer und Stephan Gebauer. München 2011.

Friedman, George: *Flash Points. Pulverfass Europa. Krisenherde, die den Kontinent bedrohen.* Aus dem Englischen übersetzt von Matthias Schulz. Kulmbach 2015.

Gerlach, Julia: *Der verpasste Frühling. Woran die Arabellion gescheitert ist.* Berlin 2016.

Grimm Dieter: *Europa ja – aber welches? Zur Verfassung der europäischen Demokratie.* München 2016.

Guérot, Ulrike: *Warum Europa eine Republik werden muss! Eine politische Utopie.* Bonn 2016.

Hamidullah, Muhammed: *Der Islam. Geschichte, Religion, Kultur.* Köln 2011.

Harrer, Gudrun: *Der arabische Weg durchs tiefe Tal.* In: Der Standard, 07.02.2006.

Hirsi Ali, Ayaan: *Reformiert euch! Warum der Islam sich ändern muss.* Aus dem Englischen übersetzt von Michael Baer, Enrico Heinemann, Eva-Maria Schnitzler. München 2015.

Kermani, Navid: *Einbruch der Wirklichkeit. Auf dem Flüchtlingstreck durch Europa.* München 2016.

Kipping, Katja: *Nicht immer mehr, sondern ganz anders.* In: Blätter für deutsche und internationale Politik 2/2016.

Kissler, Alexander: *Keine Toleranz den Intoleranten. Warum der Westen seine Werte verteidigen muss.* Gütersloh 2015.

Krastev, Ivan: *Brexit. Miliony much nie mogą się mylić*. Im Interview mit Wężyk, Katarzyna. In: Gazeta Wyborcza, 02.07. 2016.

Ley, Michael: *Die kommende Revolte*. Paderborn 2015.

Ley, Michael: *Warum nicht an die Côte d'Azur?* In: Die Presse, 11.03.2016.

Lohlker, Rüdiger: *Theologie der Gewalt*. Das Beispiel IS. Wien 2016.

Luft, Stefan: *Die Flüchtlingskrise. Ursachen, Konflikte, Folgen*. München 2016.

Luxenberg, Christoph: *Die syro-aramäische Lesart des Koran*. Berlin 2000.

Lüders, Michael: *Wer den Wind sät. Was westliche Politik im Orient anrichtet*. München 2015.

Mangalwadi,Vishal: *Das Buch der Mitte. Wie wir wurden, was wir sind. Die Bibel als Herzstück der westlichen Kultur*. Aus dem Englischen übersetzt von Hildegund Beimdieke. Basel 2014.

Müller, Jan-Werner: *Wo Europa endet. Ungarn, Brüssel und das Schicksal der liberalen Demokratie*. Berlin 2012.

Nemzowa, Schanna: *Russland wachrütteln. Mein Vater Boris Nemzow und sein politisches Erbe.* Berlin 2016.

Nemo, Philippe: *Was ist der Westen? Die Genese der abendländischen Zivilisation.* Aus dem Französischen übersetzt von Karen Horn. Tübingen 2006.

Nuriel, Nizan: Interview. In: dpa, 15.07. 2016.

Offe, Claus: *Europa in der Falle.* Berlin 2016.

Ohlig, Karl-Heinz: *Das syrische und arabische Christentum und der Koran.* Berlin 2005.

Orzechowski, Peter: *Der direkte Weg in den Dritten Weltkrieg. Wie USA und NATO mit Terror, Migration und Chaos eine neue Welt erschaffen.* Rottenburg 2016.

Pelinka, Anton: *Die unheilige Allianz. Die Rechten und die linken Extremisten gegen Europa.* Wien, Köln, Weimar 2015.

Perthes, Volker: *Das Ende des Nahen Ostens, wie wir ihn kennen.* Ein Essay. Berlin 2015.

Prantl, Heribert: *Im Namen der Menschlichkeit. Rettet die Flüchtlinge!* Berlin 2015.

Reitschuster, Boris: *Putins verdeckter Krieg. Wie Moskau den Westen destabilisiert.* Berlin 2016.

Reuter, Christoph: *Die Schwarze Macht. Der »Islamische Staat« und die Strategen des Terrors.* München 2015.

Rhonheimer, Martin: *Gewalt und theologische Tradition im Islam. Töten im Namen Allahs.* Veröffentlicht am 6.9.2014 bei http://www.nzz.ch/feuilleton/toeten-im-namen-allahs-1.18378020.

Richter-Bernburg, Lutz: *Ein zeitgemäßer Islam.* In: Süddeutsche Zeitung, 21.08. 2016.

Roll, Evelyn: *Wir sind Europa! Eine Streitschrift gegen den Nationalismus.* Berlin 2016.

Samir, Khalil: *100 Fragen zum Islam. Warum wir die Muslime nicht fürchten müssen.* Aus dem Italienischen übersetzt von Gabriele Stein. Augsburg 2009.

Schneider, Wieland: *Krieg gegen das Kalifat. Der Westen, die Kurden und die Bedrohung »Islamischer Staat«.* Wien 2015.

Seifert, Thomas: *Feuerring an Europas Peripherie*. In: Wiener Zeitung, 21.08.2016.

Simms, Brendan/Zeeb, Benjamin: *Europa am Abgrund. Plädoyer für die Vereinigten Staaten von Europa*. Aus dem Englischen übersetzt von Hans Freundl. München 2016.

Sloterdijk, Peter: *Zorn und Zeit. Politisch-psychologischer Versuch*. Frankfurt am Main 2006.

Sperl, Gerfried (Hrsg.): *Flüchtlinge*. Wien 2016.

Steinberg, Guido: *Kalifat des Schreckens. IS und die Bedrohung durch den islamistischen Terror*. München 2015.

Stern, Jessica / Berger, J.M.: *Isis. The state of terror*. London 2015.

Strenger, Carlos: *Zivilisierte Verachtung. Eine Anleitung zur Verteidigung unserer Freiheit*. Berlin 2015.

Tibi, Bassam: *Warum ich kapituliere*. In: Cicero 6/2016.

Vidal, Gore: *Ewiger Krieg für ewigen Frieden. Wie Amerika den Hass erntet, den es gesät hat*. München 2002.

Vidino, Lorenzo: *The New Muslim Brotherhood in the West.* New York 2010.

Wandruszka, Adam: *Schicksalsjahr 1866.* Köln 1967.

Wecker, Konstantin: *Dann denkt mit dem Herzen. Ein Aufschrei in der Debatte um Flüchtlinge.* Gütersloh 2016.

Wehner, Markus: *Putins Kalter Krieg. Wie Russland den Westen vor sich hertreibt.* München 2016

Wistrich, Robert S.: *Muslimischer Antisemitismus.* Aus dem Englischen übersetzt von Clemens Heni und Thomas Weidauer. Berlin 2011.

Wondratschek, Wolf: *Gesang.* In: Literatur-Spiegel, April 2016.

Yaron, Gil: *Nahost trocknet aus.* In: Die Welt, 14.03.2016.

Žižek, Slavoj: *Blasphemische Gedanken. Islam und Moderne.* Aus dem Englischen übersetzt von Michael Adrian. Berlin 2015.

Zweig, Stefan: *Die geistige Einheit Europas.* In: Die Presse, 02.07.2016.